Género Cuento de hadas

Pregunta esencial
¿Qué puedes hacer para lograr un objetivo?

El gigante del lago

Marcela Villegas-Gómez
ilustrado por andrezzinho

Capítulo 1

El habitante del lago

Érase una vez un pueblo en lo alto de los Andes. Sus casas eran blancas como la nieve y sus habitantes eran honrados y trabajadores. Se puede decir que eran casi felices. Esto de casi era porque cerca del pueblo, a las orillas de un lago, vivía un gigante muy odioso. El gigante espantaba con sus gruñidos a los pescadores que iban con sus redes. Tampoco dejaba que los niños fueran a recoger frutas de los árboles en los alrededores del lago.

Hasta los perros y los gatos le temían, pues el gigante también les hacía maldades.

Para el gigante era una gran diversión oír los gritos de los niños que asustaba. También se reía de los chillidos de los perros a los que tiraba de la cola. Sin embargo, lo que más disfrutaba era gritar que todos los peces del lago eran suyos. Los pescadores sentían demasiado miedo y temían ir a pescar en el lago.

Aunque los habitantes del pueblo desaprobaban el comportamiento del gigante, no lo consideraban un problema serio.

Pero, de repente, llegó una época de terribles lluvias que arruinaron las cosechas. Debido a los intensos fríos, las gallinas dejaron de poner huevos. Las vacas no dieron más leche. La gente del pueblo tenía muy poco para comer. Ahora realmente necesitaban pescar en el lago y recoger las frutas de los árboles.

Capítulo 2

María y Martín

María y Martín eran mellizos. Ambos eran muy trabajadores. Todos en el pueblo los querían porque siempre estaban dispuestos a ayudar. Para que la gente no pasara hambre, habían pedido a sus padres que repartieran los cereales que tenían guardados en sus graneros.

—¿Qué vamos a hacer, Martín? —preguntó María con preocupación—. Pronto no habrá nada para comer en el pueblo.

—Eso no es cierto. Tenemos un lago lleno de peces. También muchos árboles cargados de guayabas y naranjas —respondió Martín.

—Tú sabes bien que el gigante no nos va a permitir acercarnos al lago —dijo María con inquietud—. Y nunca nos dejará pescar o recoger las frutas de los árboles.

—Considero que, por lo menos, debemos intentarlo —dijo Martín—. Mañana hablaré con él.

—Tienes razón, Martín —dijo María—. Yo te acompaño.

A la mañana siguiente, María y Martín salieron muy temprano a hablar con el gigante. Cuando los vio venir empezó a arrojarles piedras. Los mellizos no tuvieron más remedio que volverse corriendo.

María y Martín se pusieron muy tristes porque no habían logrado cumplir su misión. Después de pensar por un rato, Martín dijo:

—No nos demos por vencidos. ¡Tengo una idea! ¿Has oído hablar del taita Alberto?

—Sí, recuerdo que papá ha dicho que es el hombre más sabio de la región.

AHORA COMPRUEBA

¿Qué querían pedirle al gigante Martín y María?

—Vayamos a pedirle consejo —dijo Martín.

—La casa del taita queda en lo alto de la montaña. Es muy difícil guiarse hasta allá. Dicen que hay un bosque muy espeso —contestó María.

—Tenemos que intentarlo. Creo que el taita nos puede revelar el secreto para vencer al gigante.

Martín y María fueron a buscar a su tío Lucio para que los acompañara a la casa del taita Alberto.

Detective del lenguaje

La palabra subrayada es un sustantivo masculino. Busca otros sustantivos masculinos en esta página.

Capítulo 3

Alberto, el sabio

Martín, María y el tío Lucio salieron antes del amanecer. Cada vez que encontraban dos caminos, el tío Lucio elegía el de la izquierda. Ese era el camino que conducía a su destino. Tardaron todo un día para llegar a la casa del taita Alberto.

María y Martín no podían dejar de contemplar los hermosos paisajes de la cordillera y los muchos árboles de distintas formas y tamaños llenos de pájaros. Aunque hacía frío, se sentían afortunados de estar en un lugar tan hermoso y tranquilo.

Lucio y los mellizos caminaron cuesta arriba y, a medida que avanzaban, su pueblo se veía más y más pequeño. Era casi de noche cuando encontraron la casa del taita Alberto, iluminada por un pequeño enjambre de luciérnagas. Su casa era diminuta en comparación con la casa de los mellizos, pero muy bonita y aseada.

AHORA COMPRUEBA

¿Por qué fueron Martín y María a ver al taita Alberto?

Martín tocó a la puerta con suavidad. Una voz muy agradable y serena los invitó a pasar:

—Bienvenidos. Sigan, por favor.

El tío Lucio, Martín y María entraron a la pequeña casa.

—Buenas noches, taita Alberto. Soy Lucio, y ellos son mis sobrinos María y Martín. Venimos del pueblo a la orilla del lago. Excúsenos por llegar tan tarde y sin avisar. Martín y María quieren hacerle una consulta importante.

—No se preocupen —respondió con amabilidad el taita Alberto—. Los pájaros del bosque me trajeron la noticia de que venían. Los estaba esperando desde hacía un rato. Ustedes deben estar hambrientos. Les voy a preparar algo de comer.

Mientras comían una deliciosa sopa hecha por el taita, Lucio, Martín y María le contaron al anciano su problema con el gigante.

—No sabemos qué más hacer —dijo María con preocupación—. Vamos a pasar hambre si no podemos pescar ni recoger las frutas de los árboles.

—Conozco a ese gigante —respondió el taita Alberto—. Llegó al lago hace muchos años. Siempre ha sido muy solitario. Y considero que el hecho de estar tan solo lo pone muy triste. ¿Ya intentaron ser amables con él?

—Pero, señor, si el gigante no nos deja acercarnos ni unos cuantos centímetros —respondió Martín un poco exaltado—. ¿Cómo podríamos ser amables? Además todos le tenemos miedo.

—La solución a sus problemas es llegar con bondad al corazón del gigante —dijo tranquilamente el taita Alberto—. Eso despertará su generosidad.

Detective del lenguaje

La palabra subrayada es un sustantivo femenino. Busca otros sustantivos femeninos en esta página.

A la mañana siguiente, el tío Lucio, Martín y María se despidieron del taita Alberto. Comenzaron el camino de regreso con gran preocupación. La solución que les había dado el taita Alberto parecía imposible. El gigante siempre había demostrado que no tenía corazón. Era odioso y gruñón.

En la entrada del pueblo los estaba esperando un grupo de personas. Todos tenían grandes expectativas de los resultados de su misión.

—¡Lucio, Martín, María!, ¡por fin llegan! —los saludó el alcalde del pueblo—. ¿Qué debemos hacer para adquirir alimentos? ¿Nos libraremos del gigante?

—Señor, el taita Alberto dice que debemos llegar a su corazón con bondad. Solo así el gigante querrá ser generoso y compartirá el pescado y las frutas con nosotros —respondió Lucio con preocupación.

Capítulo 4
El protector del lago

—¡Qué raro! —dijo uno de los presentes—. Considero que debemos ir todos y sacar del lago a ese gigante. ¡Ese gigante odioso no puede ser generoso!

Pero el alcalde, que conocía y respetaba al taita Alberto, dijo:

—Debemos intentar lo que propone el taita. ¿Quién quiere probar primero?

—Nosotros lo haremos —contestaron María y Martín—. Tenemos un plan.

Ese día, María y Martín fueron al lago. Muy silenciosamente le dejaron al gigante una canasta con flores al pie de su puerta. También pusieron una tarjeta que decía: “Queremos ser tus amigos”.

En esa visita notaron que la cerca del gigante estaba muy sucia. Así que en la noche siguiente, Martín la limpió y la pintó. Quedó como nueva.

Todos en el pueblo se unieron al plan. Cada noche los hermanos dejaban a 1 m (metro) de la puerta del gigante los regalos que le enviaba la gente del pueblo. Pero una noche a eso de las 8:00 p. m., cuando iban a dejar unas ollas de barro con comida, se encontraron al gigante esperándolos.

—Gracias —dijo el gigante con voz ronca—. ¿Por qué me hacen regalos si yo he sido poco amable con ustedes? Les he gritado y les he prohibido que vengan a este lago.

—Queremos tocar su corazón, señor. Sabemos que usted es generoso, por ello necesitamos pedirle algo —dijo Martín.

—Díganme qué quieren. Después de haberme enviado tantos regalos y haberme ayudado con la cerca de mi casa, los ayudaré en lo que me pidan —dijo el gigante con amabilidad.

Detective del lenguaje	**El texto subrayado es una abreviatura. Busca otra abreviatura en esta página.**

María y Martín le contaron al gigante que ya casi no quedaban alimentos en el pueblo.

—Necesitamos que nos deje pescar y recoger las frutas de los árboles. Si no, moriremos de hambre.

El gigante les dijo que podían pescar y recoger todas las frutas que quisieran. Solo puso una condición: cuidar mucho el lago y los árboles. Luego sacó de su granero varios sacos de harina y algunas frutas, y él mismo los llevó al pueblo como regalo. Todos estaban encantados con su generosidad.

No hubo más hambre en el pueblo. Las personas continuaron siendo generosas y buenas con el gigante. El gigante recordó algo que había olvidado hacía mucho tiempo: sonreír.

Con la ayuda de la gente del pueblo, siguió siendo el protector del lago. Solo que ahora lo hacía con amabilidad, enseñándole a los demás a cuidar la naturaleza.

El pueblo de esta historia aún existe. Los habitantes más ancianos recuerdan al amable gigante que cuidaba el lago, que aún tiene aguas cristalinas, muchos peces y hermosos árboles frutales a su alrededor.

AHORA COMPRUEBA

¿Por qué Martín y María le llevaban regalos al gigante?

Respuesta a la lectura

Resumir

Emplea detalles importantes de *El gigante del lago* para resumir el cuento. Puedes usar el organizador gráfico como ayuda.

Suceso	→	Resultado
	→	
	→	
	→	
	→	

Evidencia en el texto

1. ¿Cómo sabes que *El gigante del lago* es un cuento de hadas? Identifica una característica que te lo indique. **GÉNERO**

2. ¿En qué se parecen los sucesos del capítulo 1 a los del capítulo 4 en *El gigante del lago*? ¿En qué se diferencian? **COMPARAR Y CONTRASTAR**

3. En la página 2, ¿qué significa el símil "blancas como la nieve"? **SÍMILES Y METÁFORAS**

4. Escribe cómo los habitantes del pueblo hicieron que el gigante fuera bondadoso. **ESCRIBIR SOBRE LA LECTURA**

Género Cuento de hadas

Compara los textos

Lee sobre animales que hablan y que están en búsqueda de algo.

Los músicos de Bremen

Había un asno que trabajaba para un hombre. El asno cargaba sacos de harina desde el molino. Después de muchos años de trabajo duro, el animal empezó a perder fuerza. Un día, oyó que su amo le decía a otro hombre que el asno estaba demasiado viejo para trabajar. Después de reflexionar detenidamente, decidió escaparse a un pueblo cercano, Bremen. Él pensó que allí encontraría trabajo como cantante.

En el camino hacia Bremen, el asno se encontró con un perro que se veía muy triste. El perro le explicó que estaba demasiado débil para cazar y que su amo lo iba a reemplazar.

—No te preocupes —dijo el asno—, yo voy a Bremen para convertirme en cantante. Ven conmigo y serás un cantante también.

Illustration: Philip Webb

Al perro le gustó este plan, y caminaron juntos. En el camino se encontraron con un gato que estaba demasiado cansado para atrapar ratas. Luego, se encontraron un gallo al que iban a cocinar para la cena del domingo. El asno les dijo a ambos que eran buenos cantantes y que habría suficiente trabajo para todos en Bremen.

Cuando cayó la noche, los animales todavía no habían llegado a Bremen. Parecía que tendrían que dormir en el bosque. El asno y el perro se acostaron debajo de un árbol, y el gato se acomodó en una rama. El gallo voló a la copa del árbol, donde era más seguro dormir. Desde su posición privilegiada podía ver una luz a lo lejos. Llamó a sus amigos y les contó lo que había visto.

—Acerquémonos para ver mejor —dijo el asno—. Tal vez encontremos un lugar más cómodo para pasar la noche.

Todos se encaminaron en dirección a la luz. Pronto llegaron a una casa. El asno era el más alto, así que miró a través de la ventana.

—Bueno, ¿y qué ves? —preguntó el gato.

—Una pandilla de ladrones comiéndose un gran banquete —respondió el asno.

—Todos tenemos hambre —dijo el perro—. Esa comida es justo lo que necesitamos.

El asno consultó a sus acompañantes para resolver cómo sacarían a los ladrones de la casa. Después de debatir bastante, idearon un plan.

El asno puso sus cascos delanteros en el alféizar. El perro se subió en el lomo del asno. Luego, el gato saltó encima del perro. Finalmente, el gallo voló y se posó en la cabeza del gato.

Luego comenzaron a cantar. El asno rebuznó, el perro aulló, el gato maulló y el gallo cantó. Los ladrones dieron un salto por el susto. Pensaron que era un monstruo. Se escaparon de la casa y desaparecieron en el bosque.

Los cuatro amigos entraron. Se dieron un banquete como si no hubieran comido en un mes. Los ladrones quedaron tan asustados que nunca regresaron. Y los cuatro músicos de Bremen se sintieron tan cómodos en la casa, que nunca se marcharon.

Haz conexiones

¿Qué hicieron para lograr su objetivo el asno, el perro, el gato y el gallo? **PREGUNTA ESENCIAL**

¿Por qué los personajes de *El gigante del lago* y *Los músicos de Bremen* se van en búsqueda de algo? **EL TEXTO Y OTROS TEXTOS**

Enfoque: Género

Cuento de hadas En general, los personajes de los cuentos de hadas son criaturas que no existen en la realidad. El argumento de un cuento de hadas usualmente requiere que el protagonista lleve a cabo una misión difícil para alcanzar un objetivo. Al protagonista usualmente le suceden cosas fantásticas. Los cuentos de hadas siempre tienen finales felices.

Lee y descubre En *El gigante del lago* dos hermanos logran que un gigante gruñón y egoísta ayude a las personas de un pueblo. Los hermanos logran que el gigante cambie su actitud siguiendo el consejo de un anciano sabio, quien los invita a ser bondadosos con el gigante. Al final, el gigante se convierte en amigo de los habitantes del pueblo.

Tu turno

Cuenta de nuevo un cuento de hadas que hayas leído o escuchado. Asegúrate de incluir alguna misión o desafío, personajes que no existen en la realidad y un final feliz.